AF267921

LA

GRANDE ROUTE FRANÇAISE

DU

SOUDAN

PARIS

J. MERSCH, IMPRIMEUR

4bis, AVENUE DE CHATILLON, 4bis

—

1896

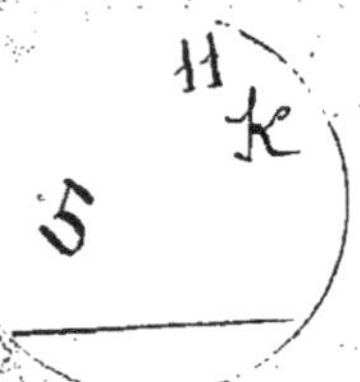

LA
GRANDE ROUTE FRANÇAISE
DU
SOUDAN

PARIS

J. MERSCH, IMPRIMEUR

4bis, AVENUE DE CHATILLON, 4bis

—

1896

LA

GRANDE ROUTE FRANÇAISE

DU

SOUDAN

I

Gendarmes de l'Angleterre.

La conséquence la plus immédiate du régime protecteur, c'est le développement colonial du pays protégé. Par exemple, chez nous, en France, les étrangers expulsés, nous ont, par représailles naturelles, exclus de chez eux. D'où il suit qu'il nous faut remplacer beaucoup de clients ainsi perdus. Or nous ne trouverons nulle part d'autres étrangers indépendants assez naïfs pour nous permettre de faire chez eux ce que nous leur interdisons de faire chez nous. Donc, il faut que ces nouveaux et indispensables clients soient placés dans une telle dépendance vis-à-vis de nous, que leur défection soit impossible. Ces clients-là ne peuvent être que des colonies. Et si nous ne nous les procurons pas, — comme notre travail national est obligé pour vivre de produire beaucoup plus que nos besoins indigènes, — il est clair que nous périrons étouffés par l'opulence même de notre tempérament, comme de vulgaires apoplectiques. Car enfin, produire n'est pas tout dans ce bas monde : il faut vendre aussi. Et même, quand l'acheteur manque, plus on produit, plus vite on meurt.

Et, autant que le régime protecteur, les progrès de la science nous poussent vers l'expansion coloniale. Qui ne voit par exemple que Pasteur, en faisant reculer la mort, c'est-à-dire en augmentant la vie, nous a obligés à agrandir notre espace dans la même proportion qu'il a accru notre temps et par suite notre nombre. Autrement le recul de la mort n'aurait pour résultat qu'un plus grand encombrement de la vie; — partant une nouvelle complication de la misère publique; — et finalement une recrudescence des revendications sociales, qui grondent de toutes parts, — justes ou non : ce serait à discuter, — mais en tous cas fort menaçantes.

Les Anglais ont des idées plus claires que les nôtres sur toutes ces choses-là.

Ainsi un Parlement anglais, — celui qui siégeait en 1850 — examina bien la question de savoir s'il ne convenait pas d'abandonner toutes les colonies; mais c'est que l'Angleterre venait de se soustraire alors pour toujours au système protecteur. — Sous cet ancien régime, disait-on, les colonies nous étaient indispensables. Elles étaient les principaux clients de notre commerce et de notre industrie; — mais maintenant — ouvertes aux étrangers, comme à nous, et sans le monopole qui faisait tout leur prix, elles ne sont plus que des embarras pour le pays; — autant de causes de dépenses en pure perte; — l'Angleterre est comme une mère surchargée d'enfants qu'elle s'épuise à soutenir; — toutes ces possessions ne servent qu'à caser les cadets de famille et à pourvoir à l'avancement des officiers bien en cour; — à quoi bon?

Toutes ces litanies, — nous les avons entendues en France, mais récitées à contre-sens, puisque la protection restaurée parmi nous, a rendu nos colonies — d'indifférentes qu'elles pouvaient paraître sous l'empire de la liberté, — absolument indispensables à notre vie même. Nous les entendons même répétées encore chaque année avec le même à-propos, tandis qu'en Angleterre, on ne les chante plus du tout, depuis que John Russell a répondu :

« Je soutiens, moi, *en premier lieu*, que c'est pour nous un devoir de conserver les colonies placées sous notre tutelle, et que nous ne pouvons pas nous dérober à l'obligation de les gouverner dans leur intérêt et dans l'intérêt de la civilisation. Quelques-unes, — la Nouvelle-Zélande par exemple, — offrent des indigènes, qui étaient, il y a peu d'années, adonnés aux pratiques les plus barbares et qui, par le contact de nos compatriotes, ont déjà commencé à se polir. Les habitants de Natal, en Afrique, montrent aussi beaucoup de docilité et d'aptitudes aux arts de la vie. Abandonnés par nous, ces peuples reprendraient leurs mœurs sauvages, et des contrées, que nous avons arrachées à la barbarie, seraient livrées par nous-mêmes aux retours de la plus cruelle désolation (1). »

Ne dirait-on pas que c'est à M. Pelletan que ce discours s'adresse ? N'est-il pas tout au moins fort rare de recevoir d'un Anglais une leçon d'humanité ? Et ce qui ajoute au piquant de la leçon, c'est que dans cette histoire-ci, la vertu, — la vertu de l'Anglais, — a été récompensée. Car la Nouvelle-Zélande est maintenant une des plus riches colonies du monde ; et Natal est devenu le port de cette région fameuse de l'Afrique australe, vers laquelle tous les appétits aujourd'hui sont tendus : *Auri sacra fames.*

Et puis, continue John Russell, qu'arriverait-il si nous abandonnions nos colonies ? « Elles seraient hors d'état pour la plupart de conserver leur indépendance. Elles réclameraient l'appui d'autres États. Qui peut douter que ces États ne les prissent sous leur protection et ne devinssent ainsi *plus forts de toute notre faiblesse* (2) ? »

Donc, — d'après John Russell, qui ne se distinguait pas d'ailleurs de ses compatriotes par plus de sentimentalisme

1. Richelot, *Histoire de la Réforme commerciale en Angleterre.*
2. Richelot, *ubi supra.*

qu'eux, — les grands peuples sont tenus « en premier lieu »,
— c'est l'Anglais qui le dit, — à certains devoirs au regard de
l'humanité et de la civilisation. En second lieu, les grands
peuples, — c'est encore l'Anglais qui parle, — évitent autant
que possible de faire le jeu de leurs concurrents. Troisièmement, — et c'est toujours l'avis de l'Anglais, — on peut se
passer de colonies quand on jouit de la liberté commerciale;
mais elles sont indispensables, quand on est régi par des
lois protectrices.

Tout cela est bon à retenir pour le cas où la cérémonie,
qui consiste à proposer, tous les ans, l'abandon du Soudan, à
propos du budget, ne serait pas encore tombée en désuétude.

Et, afin de consoler les récalcitrants, il n'est pas sans
intérêt de constater que la bonne action, à laquelle les grands
peuples sont tenus, devient assez souvent une bonne affaire
aussi : témoin, Natal.

Et témoin aussi, le Soudan, qui, d'année en année, à
mesure qu'on le connaît mieux, prend un aspect bien différent de la physionomie de convention qu'il était autrefois de
règle de lui attribuer. Ainsi, de Ségou à Timbouctou, — tout le
grand pays, qui s'étend sur une longueur, de l'ouest à l'est,
de plus de 500 kilomètres; — tout ce pays, que l'an dernier
encore, les géographes dénommaient désert de sable, — se
trouve au contraire être une région naturellement irriguée
à souhait par les crues annuelles du Niger. Quelque chose
comme une autre vallée du Nil; — « un autre Delta ou
plutôt une série de Deltas, — une Égypte, au moins aussi
riche que l'autre, mais plus vaste (1) ».

Voilà ce que M. Félix Dubois a rapporté de son récent
voyage à Timbouctou par la vallée du Niger. Et voilà ce qui
resterait encore tout à fait ignoré en France, si le *Figaro*, se
substituant officieusement à M. le ministre des Colonies, —
en ce temps-là un peu endormi, — n'avait pas publié une

1. Félix Dubois, *Relation de son voyage à Timbouctou*, publiée par le
Figaro, supplément du 27 juillet 1895.

relation de M. Dubois, pendant que le rapport officiel de ce voyageur restait enfoui, avec beaucoup d'autres, dans un des grands cartons, dont le Pavillon de Flore, du haut en bas, est orné.

Cette relation, à laquelle il faut renvoyer le lecteur soucieux de se former une conviction raisonnée et raisonnable, — cette relation offre un véritable intérêt. Elle est même de nature à fortifier la vertu de John Russell et des Anglais, pour le cas où M. Pelletan marchant enfin

Vivant dans son rêve étoilé,

réussirait à faire prononcer l'abandon du Soudan ; — et où nos bons voisins, — devenant encore une fois « plus forts de toute notre faiblesse », — auraient à assumer, vis-à-vis de cette colonie, le « devoir » — qui leur convient si bien, — « d'un grand peuple » réalisant — « par humanité et pour la civilisation » — une bonne affaire.

Une très bonne affaire même, au rapport de M. Dubois. — En effet ce voyageur, — après nous avoir montré la vallée du Niger comparable à celle du Nil pour la « fertilité et l'heureuse configuration du sol » ; — la population beaucoup plus dense que vers le littoral, beaucoup plus travailleuse, plus intelligente et perfectible aussi ; — le climat salubre, comme le prouve « l'aspect d'excellente santé des Européens, qui y font les plus longs séjours » ; — après avoir ainsi montré, réunies dans cette région, toutes les conditions fondamentales des plus grands établissements coloniaux, M. Dubois ajoute :

« Quand on a parcouru, comme nous l'avons fait, le pays dans toute sa longueur, il est impossible de ne pas être frappé de l'abondance et de la variété des pieds de coton qu'on trouve partout sur son chemin, jusque dans les rues de Timbouctou. Plante basse, buisson, arbuste, le cotonnier se rencontre sous toutes les formes, sous tous les aspects. Et il manque précisément à la France une colonie productrice du coton. Tous les ans, nous payons de ce chef aux Américains et aux Anglais des tributs, qui se chiffrent par millions à la centaine (1). »

Ce n'est pas tout : « Le tabac vient admirablement sur les bords du Niger... De même, le café, qui y réussirait d'autant plus sûrement que les plants cultivés dans l'Amérique du Sud sont d'origine soudanaise... D'autre part l'arbre qui produit le beurre végétal — le Karité — paraît analogue au cacaoyer... Il faut ajouter à tout cela des produits naturels bien faits pour tenter immédiatement le commerce européen : ce sont le caoutchouc et la gutta-percha, la cire très abondante, une matière très curieuse : la soie végétale, qui mérite toute notre attention... Les moutons pullulent dans toute la vallée du Niger; cette abondance en maintient le prix singulièrement bas : de 2 à 4 francs. Leur laine est déjà de bonne qualité; en y apportant les soins nécessaires, il est possible que bientôt la laine soudanaise fasse concurrence à la laine australienne... Les bœufs des mêmes contrées fournissent un cuir estimé déjà dans le nord de l'Afrique (2). »

Tous ces dires de M. Dubois sont corroborés et confirmés par les déclarations concordantes de tous ceux qui ont parlé du Soudan en connaissance de cause et avec autorité; — par le général Archinard (3), par le colonel Andry (4), par le colonel Marmier (5), par le docteur Korper (6), par le capitaine Péroz (7), par beaucoup d'autres encore. Donc, ce ne sont point là des impressions individuelles, ni de pittoresques amplifications. Ce sont des faits observés et justifiés.

1. Félix Dubois, *ubi supra.*
2. Félix Dubois, *ubi supra, passim.*
3. *Note sur les productions du Soudan.*
4. *Étude sur le chemin de fer de Kayes à Bammako.*
5. *Rapport sur le prolongement du chemin de fer de Bafoulabé au Niger.*
6. *Mission agricole au Soudan.*
7. *Relation d'une ambassade auprès de Samory.*

Or, de quels développements tous ces éléments de prospérité sont-ils susceptibles ? Quels avantages la France peut-elle tirer de sa conquête?

« Autant de questions, répond M. Dubois, intimement liées à celle du chemin de fer du Soudan... Dans l'état actuel des voies de communication, le grand commerce français ne doit se faire aucune illusion : il n'a rien à tenter dans la vallée du Niger, aussi longtemps qu'une voie ferrée ne viendra pas aboutir sur les rives du grand fleuve. Jusque-là, le transport des marchandises, importées par la côte occidentale ou exportées dans la même direction, sera trop long, trop difficile, trop coûteux pour permettre un sérieux trafic.

« Sans le chemin de fer, notre rôle à Timbouctou sera aussi niais que peu profitable : nous veillerons au facile écoulement des articles anglais et allemands dans toutes les régions de la boucle du Niger que les cartes teintent comme possessions françaises (1). »

Soyons net : cela s'appelle tout crûment « faire le pont » ; et c'est là une posture que John Russell ne recommande pas aux « grands peuples ». Au contraire : Il faut veiller, dit-il, pour que nos colonies ne favorisent pas les étrangers au détriment de la Métropole. « Leur clientèle, ajoute-t-il, n'est qu'un juste retour de l'appui que nous leur donnons (2).» Cependant le pont serait notre attitude, à n'en pas douter, dans presque toutes nos colonies, d'après M. Turrel, qui a eu le courage, rare parmi les politiques, de nous faire enfin honte de cette position ridicule, dans la discussion de son remarquable rapport :

« A l'heure actuelle, dit-il, nous dépensons 80.000.000 fr. pour avoir dans toutes nos colonies un débouché de 90.000.000 de francs, alors que l'étranger, qui ne dépense rien du tout, a dans nos propres colonies un débouché annuel de 126.000.000 de francs... Assurément, le pays est

1. Félix Dubois, *ubi supra.*
2. Richelot, *ubi supra.*

fatigué de cette absence de politique ; il est lassé de voir que tous ses efforts, que tous les sacrifices que nous faisons chaque jour, — sacrifices permanents d'hommes et d'argent, — ne servent, au point de vue du commerce général, qu'à nous faire jouer le rôle de gendarmes de l'Angleterre ou de l'Allemagne (1). »

Donc, — niais — ou gendarmes, nous avons le choix ; — sans doute « il faut que ces choses-là cessent (2) ». Il serait même préférable qu'elles n'eussent jamais existé. Heureusement, au moins en ce qui concerne le Soudan, le remède est encore facile. Ce serait l'affaire de quelques quarts d'heure, tant le remède est simple, indiqué, sûr et décisif, si le Parlement daignait accorder à la question ce laps de sérieuse attention.

C'est ce que nous allons montrer tout à l'heure.

II

La grande route française du Soudan.

« Avez-vous Opéra, magnifiques boulevards à Timbouctou et quais sur les bords du Niger? (3) » Ainsi s'est exprimé, l'an passé, un député dans un mouvement oratoire vraiment étonnant.

Mon Dieu, non : nous n'avons pas d'Opéra, pas de grands boulevards, pas de quai. Le manque de quai n'est pas, à vrai dire, une privation bien sensible, car le Niger passe loin de Timbouctou ; de sorte que, si nous avions le quai, c'est la rivière que nous n'aurions pas.

Mais ce qui nous manque réellement dans le Soudan, à nous autres commerçants, beaucoup plus que le quai, les

---

1. M. Turrel, député, rapporteur du budget des colonies, séance de la Chambre des députés du 10 décembre 1895.

2. *Ibidem.*

3. M. Lagnel, député, séance de la Chambre des députés du 27 juin 1895.

boulevards et l'Opéra, ce sont les chemins : une route tout bonnement pour transporter les marchandises.

Le commerce consistant dans la circulation des produits, quand le chemin manque et la possibilité même de la circulation par conséquent, il n'y a pas de commerce. Or, quand il n'y a pas de commerce, il n'y a pas de production; et quand il n'y a pas de production, il n'y a pas de colonie. « Et voilà justement ce qui fait que votre fille est muette. »

A cela, le remède paraît tout à fait simple : il faut créer le chemin. Le chemin fait, la circulation commence; avec la circulation, le commerce; avec le commerce, la production, et avec la production, la colonie. C'est tout un enchaînement naturel de faits et de résultats élémentaires, inséparables et certains.

L'utilité des chemins en général, et en particulier la nécessité de doter le Soudan d'une voie commerciale de communication avec la Métropole, sont des questions traitées et résolues déjà par tous ceux qui avaient au chapitre une voix autorisée, avec une telle surabondance de preuves et de démonstrations, que tout ce qu'on y ajouterait ne serait plus qu'une amplification de lieu commun (1).

Mais décider l'établissement d'un chemin de fer ne suffit pas. Il faut encore, il faut surtout examiner fort attentivement la direction et l'itinéraire qu'on lui donnera. Étant

---

1. Amiral Peyron, *Rapport au Président de la République*. (*Journal officiel* du 12 janvier 1884.) — M. Arthur Leroy, député. (*Journal officiel*, partie supplémentaire, juillet 1883, annexe nº 1964.) — *Notice publiée par le Sous-Secrétaire d'État des Colonies.* — Colonel Galliéni, *Deux campagnes au Soudan* (1887-1888). — Lieutenant-colonel Humbert, *Le Soudan.* (*Bulletin de la Société de Géographie*, 2º trimestre 1892.) — Commandant Andry. *Rapport au Sous-Secrétaire d'État des Colonies sur le projet du chemin de fer du Sénégal au Niger*, 1894. — *Le Soudan, le chemin de fer du Niger et la grand'-route commerciale de Bordeaux à Timbouctou*, 1894. — Félix Dubois, *Relation d'un voyage à Timbouctou*, publiée par le *Figaro* (Supplément du 27 juillet 1895). — *La France, le Soudan et le Gouvernement*, 1895. — M. le lieutenant-colonel de Trentinian, *Rapport du 11 septembre 1895*. — De Lapparent, *Un lac à Timbouctou*. (*Correspondant* du 10 janvier 1896.)

déjà « les gendarmes de l'Angleterre et de l'Allemagne », il faut tâcher de ne pas devenir leurs cantonniers aussi. Il faut donc éviter d'établir notre voie de pénétration de telle sorte que notre ouvrage serve autant, — sinon plus, — aux étrangers qu'à nous-mêmes. N'oublions pas la leçon de John Russell : nos colonies ne doivent pas profiter aux autres. « Leur clientèle n'est qu'un juste retour de l'appui que nous leur donnons. » Or, incontestablement, le meilleur moyen de nous assurer la fidélité de cette clientèle, c'est de ne pas fournir à nos concurrents l'occasion d'en approcher. On est toujours bien plus fidèle, quand on n'est pas tenté.

Ainsi, pour aller d'Europe à Timbouctou, par exemple, il faut commencer par traverser la mer. On nous pardonnera cette réflexion un peu élémentaire, si l'on veut bien songer qu'à cause du quai de M. Lagnel, nous avons des précautions géographiques à prendre. On n'a d'ailleurs pour ainsi dire, suivant les auteurs de projets, que l'embarras du choix entre les mers à passer.

Ainsi, on nous conseille de franchir la Méditerranée pour aboutir à un port d'Algérie et de là prolonger, par une voie ferrée de 2200 kilomètres de longueur, la ligne de communication jusqu'à Timbouctou. Mais, pour remplir son but commercial, la grand'route française du Soudan doit être, sinon plus courte et moins coûteuse que les routes étrangères, du moins pas plus longue ni plus dispendieuse. Or, 2200 kilomètres de chemin de fer à établir en plein désert, ne peuvent réellement pas être considérés ni comme une voie économique, ni même comme une voie pratique. Le coût d'établissement dépasserait 200.000.000 de francs et la durée des travaux atteindrait vingt-cinq ou trente ans. Quant au tarif nécessaire pour supporter la dépense exposée et la longueur du trajet, il dépasserait de beaucoup toutes les possibilités du commerce. La voie serait sans doute bien française, mais elle serait impraticable aussi.

On peut également passer par l'Océan jusqu'aux bouches

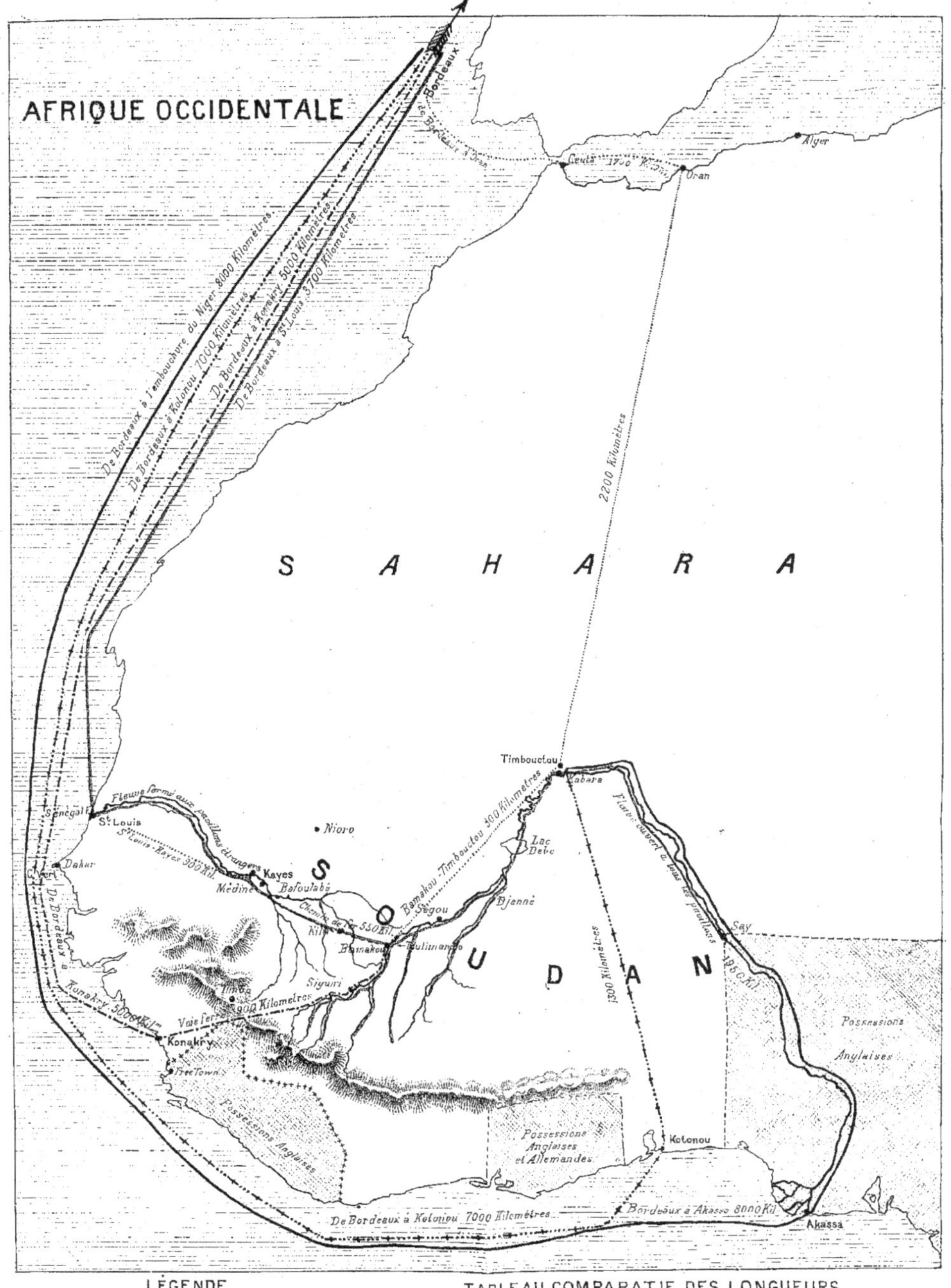

LÉGENDE

TABLEAU COMPARATIF DES LONGUEURS DES DIVERSES ROUTES DE FRANCE AU SOUDAN

Itinéraires		Longueur en kilomètres des parcours.			Longueurs totales en kilomètres
		maritimes	fluviaux	chemins de fer	
1° de Bordeaux par le Sahara	à Timbouctou	1700 kilom	. . . „ . . .	2200 kilom.	3900 kilom.
2° de Bordeaux par les rivières du Sud		5000 . „ . . .	900 kilm.	500 . „ . . .	6800 . „ . . .
3° de Bordeaux par Kotonou		7000 . „ . . .	. . . „ . . .	1300 . „ . . .	8300 . „ . . .

du Niger, puis remonter jusqu'à Timbouctou, sur 1950 kilomètres environ le cours de ce grand fleuve, préalablement domestiqué, car son naturel est un peu trop sauvage pour la paisible et parcimonieuse navigation du commerce. Mais « la navigation du Niger, dit l'acte général de la conférence de Berlin, est entièrement libre pour les navires marchands, en charge ou sur lest, de toutes les nations, tant pour le transport des marchandises que pour celui des voyageurs... Dans l'exercice de cette navigation, les sujets et les pavillons de toutes les nations seront traités, sous tous les rapports, sur le pied d'une parfaite égalité, tant pour la navigation directe de la pleine mer vers les points intérieurs du Niger et *vice versa* que pour le grand et le petit cabotage, ainsi que pour la batellerie sur le parcours de ce fleuve. En conséquence... il ne sera fait aucune distinction entre les sujets des États riverains et ceux des non riverains ; et il ne sera accordé aucun privilège de navigation, soit à des Sociétés ou corporations quelconques, soit à des particuliers...

« Ces dispositions sont reconnues par les puissances signataires, comme faisant désormais partie du droit public international (1). »

Et plus loin le même acte ajoute que : « Les routes, chemins de fer ou canaux latéraux, qui pourront être établis dans le but spécial de suppléer à l'innavigabilité ou aux imperfections de la voie fluviale sur certaines sections du parcours du Niger, de ses affluents, embranchements et issues, seront considérés, en leur qualité de moyens de communication, comme des dépendances de ce fleuve et seront également ouverts au trafic de toutes les nations (2). »

Il est superflu de s'appesantir sur les inconvénients que

1. Acte général de la conférence de Berlin, chap. v, art. 26.
2. *Ibidem*, art. 29.

pourrait présenter ce second itinéraire, puisque de la promiscuité d'intérêts qui résulterait légalement de son établissement, découle invinciblement son rejet, en tant qu'œuvre purement française.

Il est également oiseux de considérer ici, un à un, les nombreux itinéraires que l'imagination peut faire partir de chaque point intermédiaire du littoral, compris entre les bouches du Niger et celle du Sénégal. Si, comme on le dit, tout chemin mène à Rome, tous les chemins du moins ne sont pas la meilleure route. Or, ce que nous cherchons en ce moment, c'est la route du Soudan, non seulement la meilleure, mais aussi la plus française. Cette route ne saurait être trouvée parmi des chemins, qui, situés tous à portée des comptoirs étrangers, ne se distinguent d'ailleurs des autres itinéraires, ni par plus de brièveté, ni par des conditions d'établissement plus faciles ou moins onéreuses, ni par une centralité plus grande, ni par un aboutissement à la mer plus particulièrement ou français, ou même simplement commercial. Tous ces projets intermédiaires répondent sans doute à de sérieux besoins locaux. Sous ce rapport spécial et restreint, ils sont dignes d'attention ; mais aucun ne peut vraiment se dire la grande artère de circulation commerciale entre la France et le Soudan.

Reste donc la route, qui, de Bordeaux gagne Saint-Louis par la mer, — utilise ensuite de Saint-Louis à Kayes le Sénégal sur les 900 kilomètres de son cours navigable, — puis passe de Kayes dans le bassin du Niger pour atteindre par un chemin de fer ce grand fleuve à Toulimandio, dans la portion centrale et vraiment navigable de son cours. Là s'ouvrent dans toutes les directions, de l'ouest à l'est par le sud, plus de 3000 kilomètres de voies fluviales, qui sont formées par le Niger et ses affluents et qui constituent un réseau de communications naturelles suffisant pour bien longtemps à tous les besoins commerciaux des diverses parties du Soudan avec la France.

Cette route se recommande à nos préférences françaises par trois motifs déterminants, savoir :

Un caractère exclusivement national ;

La modicité relative des dépenses à exposer pour son établissement et conséquemment la modicité de ses tarifs de transports ;

Enfin, le fait qu'elle est déjà aux trois quarts constituée et qu'alors qu'il faudrait créer de toutes pièces n'importe laquelle des autres routes, celle-ci ne demande plus qu'un simple achèvement pour être complète.

Le caractère exclusivement national de la route par le Sénégal découle de ce fait que, tandis que le Niger est ouvert par les conventions inter-Européennes à toutes les nations sur le pied d'une complète égalité, — *la navigation du Sénégal, au contraire, reste exclusivement réservée aux Français*, qui seuls ont le droit d'y exercer le commerce. Il est évident que cette particularité entraîne la nationalisation de fait de toute la route, dont les tronçons extrêmes et banals — la mer et le Niger — restent sans valeur, au point de vue des étrangers, du moment que la section intermédiaire constituée par le Sénégal demeure inaccessible pour eux.

Quant à la modicité des dépenses à prévoir, — la mer est le plus grand chemin connu et le meilleur marché aussi. Le mérite considéré étant l'économie, après la mer, vient le fleuve. Dans les pays neufs surtout, le chemin de fer ne doit intervenir qu'au défaut de toute voie maritime ou fluviale, parce qu'il constitue un mode de transports beaucoup plus coûteux à établir et à exploiter et que — consécutivement, — il grève les marchandises transportées de frais beaucoup plus élevés. Or, sur près de 9000 kilomètres de développement et de rayonnement que comporte cette route de Bordeaux au Niger, avec toutes ses ramifications naturelles par voie d'eau dans le Soudan entier, on ne compte que 558 kilomètres de rails. Tout le reste est fourni par l'Océan, par le

Sénégal et par le Niger avec ses affluents. C'est donc bien évidemment la route la plus économique à ouvrir, puisque moyennant le prix de 558 kilomètres de voie de fer, on obtient 9000 kilomètres de communications liées, c'est-à-dire un des plus beaux réseaux de pénétration naturelle existant dans le monde entier.

Si de tels avantages se trouvaient aux mains des Anglais, quel concert, parmi nous, d'admiration et d'envie. Malheureusement cela nous appartient sans conteste ; et alors depuis M. Pelletan jusqu'à M. Lagnel — grand intervalle — c'est un chœur de dénigrement et d'imprécations. Cela d'ailleurs a toujours été ainsi chez nous. Les Indes, depuis que nous les avons perdues si bêtement, n'ont pas d'admirateurs plus fervents que nous. La Louisiane n'a pris de valeur à nos yeux qu'après que nous l'avons eu cédée. M. de Voltaire, « qui avait infiniment d'esprit », a parlé du Canada, tout comme M. Pelletan parle du Soudan. En ce moment même, l'Égypte ne nous paraît digne d'un effort que depuis que les Anglais nous en ont tout doucement évincés.

Enfin, il importe de ne pas perdre de vue, — troisième motif déterminant en faveur de la route par le Sénégal, — que cette route n'est plus à faire. Elle est déjà aux trois quarts ouverte. Il n'y a plus qu'à l'achever.

En effet, la réalisation complète de la route sénégalaise de Bordeaux à Timbouctou et aux régions circonscrites par la boucle du Niger, comporte :

Premièrement, la création d'une ligne de navigation maritime entre Bordeaux et Saint-Louis ou Kayes même pendant deux mois, chaque année ;

Secondement, la fondation d'un service régulier de bateaux à vapeur fluviaux entre Saint-Louis et Kayes, sur le Sénégal ;

Troisièmement, la construction d'un chemin de fer économique, à voie étroite, du Sénégal au Niger, entre Kayes et Toulimandio ;

Enfin, quatrièmement, l'établissement d'un réseau de navigation à vapeur sur le Niger et ses affluents.

Or, le premier anneau de cette chaîne, le service maritime de Bordeaux à Saint-Louis, existe depuis 1893, en exécution d'un traité conclu pour dix ans entre l'Administration des Colonies et la participation formée à l'instigation du Ministre lui-même, entre *tous* les armateurs sénégalais.

Le service fluvial, sur le Sénégal, qui forme le second anneau, a été institué dès 1891, par l'Administration des Colonies, à la suite d'une adjudication publique, demeurée sans résultat, au moyen d'une convention, successivement améliorée, agrandie d'année en année, et devenue décennale, comme celle du service maritime.

Le chemin de fer — troisième anneau encore inachevé — a été commencé en 1881. Sa construction, plusieurs fois interrompue et reprise, a subi le contre-coup des changements de vue perpétuels, observés dans l'Administration des Colonies par M. Turrel et, il faut bien le dire aussi, de la versatilité parlementaire. Il fonctionne pourtant depuis 1892 sur 132 kilomètres bien entretenus, grâce aux officiers du régiment des chemins de fer.

Enfin, sur le Niger, — notre quatrième et dernier anneau — les reconnaissances hydrographiques de MM. les lieutenants de vaisseau Caron et Hourst fournissent sur le régime et les allures du fleuve, toutes les informations requises en vue de l'établissement et du fonctionnement des services de navigation fluviale, destinés à compléter les 9000 kilomètres de communications réalisables dans cette direction.

Donc, il est bien exact de dire que cette grand'route exclusivement française est presque entièrement établie et que son achèvement total ne dépend plus que de la construction de 400 kilomètres de chemin de fer à voie étroite, mais que, tant que ce bout de voie ferrée manquera, « ce sera, pour ainsi dire, comme si rien n'existait sur les 9000 kilomètres qu'il s'agit de desservir, parce que cette lacune dans la continuité de la ligne en inutilise, par rapport au commerce du Soudan avec la Métropole, les autres tronçons déjà créés ou existants naturellement, mais sans lien, ni correspondance entre eux (1) ».

Reprenons maintenant chacune des sections de ce grand tout, afin d'en faire connaître les origines, le fonctionnement actuel et les améliorations possibles. On verra encore bien plus clairement ainsi combien peu il reste à faire maintenant pour parachever l'entreprise, dont la réalisation complète suffira pour vivifier le Soudan tout entier et en faire une de nos plus grandes et plus riches colonies.

III

La section maritime.

La colonie du Sénégal et le Soudan, par conséquent, étaient déjà reliés à la Métropole par les différents paquebots-poste français, qui, partant de Bordeaux, du Havre et de Marseille pour le Brésil ou le Congo, font escale à Dakar, à l'aller et au retour.

Mais on conçoit que les marchandises, soit originaires de Saint-Louis, soit exportées du Soudan, soit importées d'Europe en destination du nord du Sénégal ou de Kayes et au delà, ne peuvent pas supporter les frais considérables, du prolongement de route et des transbordements, résultant de leur passage par Dakar.

Même pour les passagers, qui se résignent pourtant beaucoup plus facilement que les chargeurs à supporter des frais de voyage supplémentaires, le passage par Dakar n'est pas sans inconvénient. Le plus grave de ces inconvénients

1. *Le Soudan, le chemin de fer du Sénégal au Niger et la grand'route commerciale de Bordeaux à Timbouctou.* Paris, 1894.

se manifeste pour les retours vers la France. Quand les vapeurs, provenant soit du Brésil, soit du Congo, se présentent à Dakar, qui est leur dernière escale avant la France, non seulement ils sont toujours encombrés de passagers, parmi lesquels beaucoup de malades, convalescents ou affaiblis, mais, de plus, souvent imprégnés des germes des diverses maladies transmissibles ou infectieuses, qui règnent fréquemment dans leurs pays respectifs de provenance, moins salubres, disons-le en passant, que le Sénégal, voire le Soudan. Ces vapeurs constituent ainsi de véritables foyers d'épidémie et les rapatriés du Soudan ou de Saint-Louis, souvent malades eux-mêmes ou convalescents, aggravent encore la situation sanitaire de ces bords, en y accumulant, sinon de nouveaux germes de contagion, tout au moins un surcroît d'aliments pour les influences morbides préexistantes à leur embarquement. Cela est si vrai qu'il est arrivé ou bien que l'autorité sanitaire du Sénégal a refusé la libre pratique de Dakar à certains de ces paquebots, ou bien que ces paquebots eux-mêmes ont refusé d'embarquer les voyageurs sénégalais. Dans les deux cas, ce sont les communications du Sénégal et du Soudan qui se sont trouvées interrompues avec grave préjudice pour ces colonies.

D'ailleurs, commercialement, il est tout à fait impossible de songer à desservir une colonie quelconque par voie indirecte. On ne peut matériellement pas pratiquer le moindre échange de cette façon. Le passage par Dakar était donc absolument prohibitif de tout commerce entre le Soudan et la France.

Pour ces motifs, une ligne de navigation, partant de Saint-Louis et y aboutissant, était déjà fort désirable pour le Sénégal ; elle était de plus absolument nécessaire au regard du Soudan. Elle était, en effet, le premier chaînon de notre voie de pénétration française dans la direction de Timbouctou et des riches contrées limitées par la boucle du Niger.

Habituellement ces sortes de création entraînent le paiement d'une subvention plus ou moins forte. Ici, c'est tout le contraire qui s'est produit : la création du service a eu pour conséquence une diminution dans les charges du budget et une économie pour l'Administration des Colonies.

En effet, elle a su grouper en participation tous les armateurs bordelais, dont les vapeurs desservaient spécialement le Sénégal depuis de longues années. Elle a rétabli entre ces armateurs la bonne harmonie et l'union, antérieurement passablement troublées par des rivalités de clocher, qui ne s'exerçaient en somme qu'au double préjudice des colonies et des armateurs eux-mêmes. Elle a su les amener à concerter leurs mouvements et à régulariser leurs départs de façon à constituer un service permanent. Et si, comme prix des concessions faites par chacun aux intérêts communs, elle a accordé pour dix ans à la participation sénégalaise, ainsi formée par son influence et sous son patronage, tout son fret pour Saint-Louis et le Soudan, cela n'a pas été sans stipuler, au profit du Trésor, des prix de transport notablement inférieurs à tous ceux qu'elle avait pu obtenir depuis dix ans au moyen des adjudications publiques ; ni sans se garantir, en imposant à la participation tous ses transports tant prévus qu'imprévus, contre l'éventualité de l'excessive cherté, que provoquent ordinairement dans les circonstances graves, les grands besoins de l'État en transports simultanés.

Ainsi le premier chaînon de la route française du Soudan a pu être tendu, en 1893, sans aucune subvention à la charge de l'État, bien au contraire, puisque du même coup l'Administration des Colonies s'est assurée une économie constante pour ces transports. Et de plus, au lieu que la création de la nouvelle ligne ait causé, comme partout ailleurs en cas semblable, un préjudice souvent mortel aux intérêts maritimes préexistants, aux intérêts maritimes nationaux et sérieux bien entendu, c'est par l'union rétablie entre tous ces intérêts et ainsi entièrement sauvegardée, que l'Administration a su réaliser tant de sérieux avantages.

La simplicité et l'efficacité de ces solutions sont certainement de nature à servir de précédent, dans toutes les circonstances analogues que le développement progressif de notre empire colonial fera naître. Il semble d'ailleurs que déjà le Parlement lui-même a sanctionné cet esprit et s'en est même inspiré, lorsque deux ans plus tard, l'an dernier, il a réformé les services postaux d'Algérie, en appelant à concourir à leur exécution le concert établi entre toutes les anciennes entreprises de navigation, autrefois concurrentes et victimes du privilège alors accordé à une seule d'entre elles.

Il appartient à l'avenir maintenant de réaliser une dernière amélioration sur cette première section de notre grande route nationale. La barre, qui embarrasse l'embouchure du Sénégal à Saint-Louis, exige, pour être franchie, des vapeurs de construction spéciale. Sans doute, ces bâtiments existent. Ceux, entr'autres, de la Participation sénégalaise remplissent toutes les conditions requises, et leur fonctionnement ne souffre du fait de cette barre aucune altération grave. Tel qu'il est, le fleuve suffit donc aux besoins du commerce; mais le développement du trafic qui résultera de l'achèvement du chemin de fer et de l'ouverture des communications directes avec la vallée du Niger, — ce développement exigera, dans quelques années, l'exécution des travaux, — d'ailleurs déjà étudiés, — qui rendront l'entrée du Sénégal aussi facile que l'est celle de l'Adour maintenant. A chaque jour suffit sa peine. Il serait prématuré de traiter aujourd'hui cette question de demain. Il suffit d'indiquer que le remède existe et pourra être appliqué en temps voulu.

IV

La section fluviale.

« C'est en reliant nos possessions du Sénégal au Niger que le grand problème de notre pénétration dans le Soudan pouvait être le plus facilement résolu. Les événements l'ont prouvé et ont confirmé de tout point les prévisions, exposées avec une merveilleuse sagacité par le général Faidherbe, dans les instructions qu'il traçait, dès 1863, au lieutenant de vaisseau Mage (1). »

Cet itinéraire, le plus pratique en effet de tous ceux concevables et le seul entièrement français, comme nous l'avons démontré tout à l'heure, exigeait tout d'abord la création et l'entretien d'une flotte sur le grand fleuve qui, de Saint-Louis à Kayes, forme le trait d'union naturel entre notre vieux Sénégal et son jeune frère, le Soudan.

Dès la première des belles campagnes du général Borgnis-Desbordes vers le Niger, en 1882, l'Administration de la Marine réunit donc à Saint-Louis des remorqueurs, des chalands, des canots à vapeur, des dragues, l'outillage d'un grand atelier de réparations; en un mot tout le matériel flottant et auxiliaire d'un service de navigation à vapeur fluviale.

L'Administration n'a jamais articulé ni le prix d'acquisition de cet important outillage, ni le coût de son entretien et de son fonctionnement. Ce n'est pas qu'elle ait entendu faire un mystère de ces dépenses. Elle n'a pas dit son chiffre parce qu'elle ne l'a jamais su; et elle ne l'a jamais su, parce qu'elle ne l'a jamais cherché. Mais il n'est pas impossible, même maintenant, de faire cette recherche pour elle et d'établir rétrospectivement ces devis, à l'aide de deux docu-

1. M. Arthur Leroy, député, *Rapport au nom de la Commission du budget.* (*Journal officiel*, partie supplémentaire, juillet 1883, annexe 1964.)

ments, officiels l'un et l'autre, qui sont, d'une part le rapport de M. Arthur Leroy, que nous citions déjà tout à l'heure; et, d'autre part, le rapport adressé le 30 novembre 1884 par l'amiral Peyron, ministre de la Marine et des Colonies, au Président de la République, concernant les opérations faites dans le Haut-Sénégal en 1883 (1).

Quoique devenant ainsi momentanément comptable, nous n'allons pas cesser pour cela d'être clair; et, si nous avons le regret d'infliger au lecteur un certain poids en chiffres d'apparence rébarbative, nous espérons qu'il comprendra que c'est pour le bon motif et ne refusera pas quelques instants de son attention à cette vulgaire, mais instructive arithmétique.

Voyons d'abord le coût d'établissement. Notre premier auteur, M. Arthur Leroy, nous apprend que le matériel flottant comprenait cinq grands remorqueurs, quatre petits vapeurs, six embarcations à vapeur, deux dragues, deux bateaux porteurs et vingt-quatre chalands pontés (2). L'amiral Peyron, de son côté, nous laisse entendre (3) que le matériel auxiliaire se composait d'un grand atelier de réparations, d'une cale de halage, d'une grue de 20 tonnes et des bâtiments nécessaires pour abriter l'outillage et les approvisionnements. Tout cela représente une valeur totale de 4.000.000 francs, savoir : 2.000.000 francs pour les neuf remorqueurs et les six canots à vapeur; 1.000.000 francs pour les deux dragues, les deux bâtiments porteurs, et les vingt-quatre chalands pontés; 1.000.000 francs enfin pour l'atelier, la cale, la grue, les constructions, et l'imprévu.

Passons maintenant à l'exploitation, c'est-à-dire aux dépenses d'entretien et de fonctionnement, dont nos deux auteurs nous fournissent tous les éléments, à la condition d'aller de l'un à l'autre pour compléter leurs renseignements

---

1. *Journal officiel* du 11 janvier 1885.
2. M. Arthur Leroy, *ubi supra*, § 2, *flottille de transport*.
3. Rapport de l'amiral Peyron, déjà cité.

respectifs, incomplets si on les prend isolément, mais tout à fait complets, quand on les éclaire les uns par les autres.

Dans le métier, d'ailleurs bien ingrat maintenant, d'armateur, les dépenses d'une entreprise nautique quelconque, fluviale ou maritime, peu importe, sont ordinairement classées et contenues, toutes, dans un compte général, dont les chapitres sont intitulés : solde, vivres, charbon et articles de la machine, armement et articles du pont, entretien, frais dans les ports, assurance et dépenses diverses.

Pour la solde, l'amiral Peyron nous dit (1) que celle du personnel des remorqueurs, chalands, dragues, etc., a coûté en 1883. . . . .   485.405 fr.

Pour les vivres, l'amiral ne nous dit pas que ces équipages aient mangé en 1883, mais M. Arthur Leroy le constate, et il nous apprend que la ration journalière coûtait 1 fr. 10 pour les Européens et 80 centimes pour les indigènes (2). L'amiral, à son tour, complète notre information en nous faisant connaître que l'effectif embarqué, et nourri par conséquent, comprenait 254 hommes (3). La dépense moyenne, 346 francs par tête et par an, multipliée par l'effectif déclaré, 254 hommes, forme pour les vivres, une dépense totale de. . . . .   87.884   »

La comptabilité publique n'est pas aussi claire, en matière de navigation au moins, que celle exigée des particuliers. Ainsi elle mêle et confond dans un seul total les chapitres du compte classique d'armement, dénommés : charbons et articles de la

---

1. Rapport du 30 décembre 1884. (*Journal officiel* du 11 janvier 1885, annexe n° 7, art. 1er.)

2. M. Arthur Leroy, *ubi supra*.

3. Rapport du 30 décembre 1884, annexe n° 11, tableau B.

machine, armement et articles du pont, entretien, frais dans les ports et dépenses diverses. L'amiral nous déclare (1), que ces divers chapitres ainsi réunis ont motivé en 1883 une dépense globale de . . . . 194.991 »

M. Arthur Leroy, suppléant ici au silence de l'amiral nous révèle que l'atelier, « occupé à la réparation et à l'entretien de la flottille fluviale (2) » a coûté en outre. . . . . . . 352.000 »

Donc le service, organisé par l'État sur le Sénégal, moyennant une dépense d'établissement de 4.000.000 francs, lui a coûté, en

frais d'exploitation pendant l'année 1883. . 1.120.280 fr.

Mais ce n'est pas tout : l'amiral en effet nous avoue (3) que, pour des causes non spécifiées, le matériel de l'État n'a pas suffi ; qu'il a fallu affréter plusieurs bateaux de commerce pour coopérer aux transports fluviaux entre Saint-Louis et Kayes ; et que la location de ces bateaux a coûté. . . . . . 293.413 »

Ce qui porte à. . . . . 1.413.693 fr.

la dépense totale annuelle de l'exploitation fluviale par l'État, suivant la comptabilité publique.

C'est un gros chiffre ; et cependant il n'est pas encore complet. Un armateur ordinaire, auquel les contribuables ne sont pas tenus de fournir un nouveau capital toutes les fois qu'il a perdu le sien, un simple armateur n'arrêterait pas son compte-là. Il ajouterait à ces dépenses, chaque année, l'annuité né-

---

1. *Ibidem*, annexe n° 7, art. 4.
2. M. Arthur Leroy, *ubi supra*, § 4, art. 1er.
3. Rapport du 30 décembre 1884, annexe n° 7, art. 5, § 2.

cessaire pour reconstituer son capital pendant la durée de sa flotte et pour assurer pendant le même temps la dite flotte contre tous
les risques de destruction prématurée, c'est-
à-dire, dans l'espèce, une somme, au bas
mot, de . . . . 350.000 »

Et il dirait que ses dépenses ont monté à   1.763.693 fr.

Et ce qui prouve bien que cette manière de compter est
la seule vraie, c'est que, faute de l'avoir employée, l'Administration s'est trouvée, dès 1891, en face de son matériel
de 1882, diminué, pour une part, par des naufrages et des
avaries majeures subis sans assurance compensatrice, et,
pour le reste, prématurément hors de service, faute d'entretien et sans amortissement préalable. De sorte que l'Administration des Colonies, qui venait de prendre effective-
ment en mains ce service, eut alors à choisir entre l'un des
termes de l'alternative suivante : ou faire à nouveau toute la
dépense considérable d'un second établissement ou traiter
avec des armateurs sénégalais pour la continuation du service par l'industrie privée.

Ce fut dans ces circonstances et pour ce motif que furent
conclues les diverses conventions successives qui régissent
actuellement pour dix ans le service fluvial subventionné,
tel qu'il fonctionne depuis 1892 sur le Sénégal.

Cette entreprise, connue maintenant sous le nom de
Messageries fluviales du Sénégal, possède actuellement sept
bateaux à vapeur d'une force collective sensiblement égale
à celle de la première flottille, 1700 chevaux. Cette flotte
peut porter et remorquer simultanément, en cas d'urgence,
de Saint-Louis vers le Haut-Sénégal ou *vice-versa*, 1200 hommes de troupes, concurremment avec 1800 tonnes de matériel. Elle constitue ainsi, par la rapidité des concentrations
qu'elle permet, un des éléments essentiels de notre sécurité,
tant au Sénégal que dans le Soudan. De même que le chemin

de fer de Saint-Louis à Dakar a pacifié pour jamais le Cayor
si turbulent jadis, de même ces Messageries fluviales assu-
rent, dès maintenant, la paix publique tout le long du Sénégal et plus tard jusqu'au Niger, quand la voie ferrée aura
prolongé jusque là les effets militairement si puissants de la
vitesse dans les mouvements.

Quant au concours que les Messageries fluviales peuvent prêter au commerce, il suffit de constater que, d'ailleurs
susceptibles de tous les accroissements de matériel flottant
que l'essor du trafic rendra nécessaires, elles peuvent actuellement déjà desservir annuellement un mouvement d'échan-
ges de 8 à 10.000 tonnes d'importation au Soudan et de 12 à
15.000 tonnes d'exportation. Le Soudan est encore bien loin
de consommer ou de produire ces quantités, tout insigni-
fiantes qu'elles sont par rapport à ses possibilités et à sa ri-
chesse. Pourquoi ? Nous l'avons dit et expliqué (1), et avant
nous, mieux que nous, tous ceux qui connaissent le Soudan.

Ce n'est pas pourtant que l'augmentation du trafic soit
nulle pendant les quatre années observables depuis 1892,
car le tonnage transporté par les Messageries fluviales s'est
successivement élevé de 3200 tonnes en 1892, à 6500, 7500 et
finalement 8200 tonnes en 1895.

Actuellement, par leurs conventions avec l'Administration
des colonies, les Messageries fluviales sont tenues d'exécu-
ter trois voyages réguliers, chaque mois, en correspondance
postale exacte à Dakar avec les arrivages et les départs des
paquebots-poste de la ligne de Bordeaux. L'État dispose gra-
tuitement, à chaque voyage, pour ses transports des trois
quarts de la capacité totale des bateaux. En outre, tous ses
passagers, quel qu'en soit le nombre, sont transportés également à titre gratuit par l'entreprise. Enfin l'État bénéficie,
en diminution de sa subvention, du tiers des recettes pro-
duites par le trafic commercial du service.

<hr>

1. *Le Soudan, la France et le Gouvernement*, Paris, Mersch, 1895.

En substituant ainsi à une dépense an-
nuelle d'au moins. . . . . 1.413.693 fr.
une subvention, qui n'excède pas actuelle-
ment, défalcation faite de l'attribution croissante faite à l'État sur le trafic commercial   320.000 »
c'est-à-dire en réalisant au profit du Trésor,
                                              ____
une économie annuelle de. . . . . 1.093.693 fr.

soit plus de 77 % de la dépense primitive ; et en créant
en sus de cette énorme économie, une voie de communication, plus puissante et d'une utilité plus générale et surtout
plus colonisatrice (car l'ancien service de l'État ne répondait
qu'aux seuls besoins de l'État, tandis que le service public
actuel dessert non seulement l'Administration, mais aussi le
commerce); en réalisant ainsi du même coup cette grande
économie et cette grande amélioration, le Département des
Colonies avait fait incontestablement bonne besogne.

En cependant les critiques ne manquèrent pas à l'œuvre
à peine née. On prétendit que les dépenses de l'ancienne
flottille ne s'élevaient qu'à 120.000 francs par an et qu'en
traitant avec les Messageries fluviales moyennant 300.000 fr.
au moins, l'Administration avait plus que doublé les charges
du budget. Assertion étonnante, n'est-ce pas ? en face des
1.413.693 francs, dégagés et justifiés tout à l'heure par les
dires officiels. Heureusement tout s'expliqua. En 1890,
époque des 120.000 francs, l'ancienne flottille, désarmée, ne
fonctionnait plus sur le fleuve. Comme il n'y avait plus de
service, il n'y avait plus de dépenses. Les 120.000 fr. représentaient les frais de gardiennage à Saint-Louis du matériel
flottant. A peu près flottant du moins, car deux des remorqueurs, coulant bas d'eau sur leurs ancres, avaient déjà
été mis au plein. Comme les critiques ne pouvaient être
que de bonne foi, — incontestablement, — l'explication les
satisfît.

En résumé, on voit que la section de notre grand'route

comprise entre Saint-Louis et Kayes, existe et fonctionne aussi régulièrement et aussi économiquement pour l'État que le premier tronçon : la partie maritime entre Bordeaux et Saint-Louis. Ce sont là 5000 kilomètres environ de voie déjà ouverte et raccordée sans aucun frais d'établissement, sur les 9000 kilomètres de communications, que notre itinéraire comporte, avec ses rayonnements dans le Soudan.

Sans doute, il reste encore à améliorer les conditions de la navigation sur le fleuve Sénégal. Nous avons, l'an dernier, indiqué la nature, la praticabilité et le coût restreint de ces améliorations (1). Cette année-ci, nous savons que l'attention de M. le Gouverneur général Chaudié s'est arrêtée sur ce grand intérêt des colonies qu'il [administre ; et nous avons la confiance que les propositions qu'il soumettra dans ce but au Département, recevront une prompte et favorable solution.

Sans doute, ce fleuve dans son état actuel, peut déjà servir très efficacement le commerce du Soudan. Il peut répondre provisoirement à tous les besoins prévoyables de la région, mais il faut préparer et assurer l'avenir. Il faut aussi soustraire la vie de nos soldats, obligés de fréquenter le fleuve en toute saison, aux conditions déplorablement insalubres des longs parcours, effectués en chalands, pendant l'étiage.

Quant à nous, on conçoit bien que ce n'est pas pour le facile plaisir de détruire de fragiles objections ou de redresser, par ci par là, quelques erreurs subalternes, que nous avons insisté si longuement sur le double caractère, colonisateur et économique, que présentent les conditions d'établissement des deux premières sections déjà réalisées de notre grand'route. Nous l'avons fait parce que, dans l'œuvre qui nous occupe, ce double caractère d'épargne et d'expansion simultanées est le trait commun, que nous allons

1. *La France, le Soudan et le Gouvernement.*

retrouver, beaucoup plus accentué encore, au chapitre du chemin de fer.

V

Le chemin de fer.

En 1879, un homme d'État, en ce temps-là fort à la mode, résolut de doter le Soudan à la fois de deux grandes voies de communications ferrées : l'une aboutissant à l'Algérie par le Sahara, et l'autre, au Sénégal par son fleuve. Le Soudan demandait une route. On lui en voulut deux. Finalement, il n'en eut point. Et voilà ce que c'est que de voir trop grand.

On renonça d'abord presque aussitôt à la voie du Sahara, qui offrait évidemment plus de poésie que de trafic.

Quant à celle du Sénégal, on savait déjà fort bien que le fleuve de juin à novembre est praticable jusqu'à Kayes et que de décembre à mai, saison d'étiage, il manque d'eau. Ce que nous savons de plus maintenant, c'est d'abord, grâce à l'initiative hardie du général Bourdiaux, que les grands bâtiments de mer atteignent Kayes sous pleine charge, sans difficulté, pendant deux mois chàque année. C'est ensuite, grâce à une fréquentation plus intelligente du fleuve, que les communications pourraient être maintenues ouvertes pendant la saison sèche au moyen de travaux fort simples et pas coûteux (1).

Or, peu de mois après l'enfantement des conceptions démesurées de l'homme d'État à la mode, lorsque, sans préparation aucune, on voulut passer tout de suite à l'exécution, le Parlement commença par voter les crédits trop tard ; puis l'Administration accomplit posément ses rites ; de sorte que le personnel et le matériel, destinés au commencement des

---

1. Dorlodot Dessart, lieutenant de vaisseau, *Renseignements sur la navigation dans le fleuve Sénégal*. — Buchard, lieutenant de vaisseau, *Instruction sur la navigation dans le fleuve Sénégal*.

travaux, ne parvinrent à Saint-Louis qu'en novembre, c'est-à-dire juste au moment où l'on savait que le fleuve cessait d'être praticable. En conséquence, le personnel, inacclimaté, sous le soleil des tropiques, sans vivres, ni campement préparés, dût faire à pied, par étapes, la plus grande partie de la route jusqu'à Kayes, où il ne parvint enfin que pour y servir d'aliment au typhus engendré tout naturellement par tant de souffrances et de privations évitables. Quant au matériel, il resta semé sur les rives, tout le long du fleuve. Et ce fut une première année, avec pas mal d'argent, perdue.

Expérience, dit-on, est mère de sagesse. C'est ce que nous vîmes bien l'année suivante. Le Parlement vota les crédits encore plus tard. La fièvre jaune d'Amérique, qui ne sévit au Sénégal, comme le choléra en France, que quand elle y est importée, se déclara cette année-là à Saint-Louis. C'était bien le cas de s'abstenir de tout nouvel envoi et de consacrer cette campagne à une préparation sérieuse de l'entreprise.

Tout au contraire, on se hâta, de sorte que le nouveau personnel et la suite du matériel arrivèrent à Saint-Louis au moment où l'épidémie y battait son plein. Là, on trouva que l'autorité sanitaire avait interdit les communications entre Saint-Louis et le Soudan. Il fallut donc attendre ; et quand la route fut sanitairement rouverte, elle était pratiquement fermée par l'étiage : nouvelles étapes mortelles du personnel, nouvelle dispersion du matériel le long du fleuve; seconde année et nouveaux millions perdus.

Enfin, pour la troisième campagne, comme on avait « des précédents », on s'y conforma et tout se passa encore une fois de la même façon, d'où continuation de la mortalité et des pertes de matériel et d'argent. A la fin de cette troisième année, le tracé atteignait le kilomètre 70 et la voie était terminée jusqu'au kilomètre 17. C'était un avancement d'un peu moins de 6 kilomètres par année de travail.

Alors le Parlement prit une grande résolution : il décida

que l'entreprise était inexécutable alors qu'elle n'était que mal exécutée. On avait manqué de prévoyance. C'était une première faute. On manqua de constance. Ce fut une seconde faute.

Certes, au Congo, les Belges n'ont pas commencé leur chemin de fer du Stanley-Pool avec beaucoup plus de clairvoyance et de maturité que nous le nôtre à Kayes. Comme nous, ils ont péché dans l'indispensable préparation; mais quelle différence, à leur honneur, dans la suite qu'ils ont eu l'énergie de donner à leur entreprise !

« Les travaux ont parfois leurs phases glorieuses, comme les luttes du champ de bataille. On put croire à un moment que réellement la construction de la ligne était impossible. Les directeurs et le personnel qui leur était attaché continuèrent avec calme à faire leur devoir, ne jetant aucun cri d'alarme, remédiant virilement dans la mesure du possible à la situation... La lutte dura deux ans, au bout desquels la victoire était remportée et la marche en avant ne pouvait plus être sérieusement entravée. La construction de la ligne suivra maintenant, sans aucun doute possible, un cours à peu près aussi régulier que si elle s'exécutait dans un pays d'Europe (1). »

Et en effet, à la fin de 1895, le chemin de fer belge était terminé sur 150 kilomètres; — l'avancement de la construction était alors de 10 kilomètres par mois; — et sur la section terminée et déjà exploitée, les recettes représentaient 15.000 francs par kilomètre et par an. Bref, les Belges sortaient vainqueurs de l'épreuve où nous restions embourbés par nos premières fautes, sans avoir encore trouvé, en dix ans, le moyen de nous en tirer. Les gendarmes, comme on sait, ne sont pas « débrouillards »; et M. Turrel a eu raison de ne pas nous cacher que nous étions de « l'arme ».

1. M. Wahis, gouverneur-général du Congo belge, cité par le Conseil de la Compagnie du chemin de fer du Congo, annexe 4 du rapport du 26 janvier 1894, fascicule n° 7.

Mais qui nous empêcherait de « permuter » ? Ce n'est pas notre tempérament national, certainement. D'abord, il ne faut plus nous dire que les chemins de fer sont inexécutables en Afrique, ni qu'ils y sont sans intérêt, puisque pendant que notre Parlement pensait à d'autres choses, tout le monde en a construit, non sans difficultés sans doute, mais avec succès enfin. Non seulement les Belges, comme nous venons de le voir, mais les Anglais (cela va sans dire), qui pendant que nous gémissions, allongeaient tranquillement plus de 3000 kilomètres de voies dans leurs possessions africaines ; mais les Allemands, quoique sous les tropiques, ils soient un peu dans la gendarmerie aussi ; mais encore les Portugais, bien supérieurs à nous, car, ayant commencé leur construction beaucoup plus tard que la nôtre, ils exploitent déjà 300 des 400 kilomètres de leur ligne de Loanda à Ambacca.

Dans notre Soudan même, pendant que les Pouvoirs publics laissaient l'entreprise s'en aller misérablement à vau-l'eau, est-ce que nos officiers n'ont pas trouvé dans leur patriotisme, malgré bien des rebuffades, grâce à leur invincible bon vouloir et à mille subterfuges désintéressés, le moyen de préserver et même de continuer l'œuvre française par excellence de notre chemin de fer? Petitement, c'est bien sûr, car leur pouvoir était bien limité (*cedant arma togæ*, n'est-ce pas?) mais aussi avec plus d'économie que dans n'importe quelle autre entreprise similaire. C'est ainsi que nous retrouvons le chemin de fer, abandonné par le Parlement au 17ᵉ kilomètre, maintenant en pleine exploitation et en bon état jusqu'au 132ᵉ, pour atteindre même, à la fin de l'année prochaine, le 150ᵉ kilomètre, après avoir jeté sur le Bafing un grand pont de 420 mètres, actuellement achevé.

Renoncer, dans de telles conditions, à une œuvre pareille à toutes celles que les autres peuples européens ont menées à bien et multiplient présentement de toutes parts dans cette même Afrique, à une œuvre que, malgré l'abandon officiel, le patriotisme adroit et l'énergie de quelques officiers ont réussi jusqu'à présent à sauver de la destruction, à une œuvre enfin de laquelle dépend, sans contestation possible, la naissance et l'essor de l'une de ces grandes colonies indispensables maintenant à la conservation de notre commerce et à la vie même de notre industrie; de cela vraiment, il ne saurait plus être question.

C'est donc sur l'achèvement prompt de l'entreprise et sur sa mise en marche commerciale que doivent se concentrer tous les efforts. Et il y a encore dans l'action qui conduira à ce grand résultat, assez de difficultés matérielles à surmonter, assez « d'états d'âmes » à ménager, assez de défaillances à compenser, assez d'intérêts divers à concilier pour ne rien négliger, cette fois, dans notre préparation.

Ainsi, la suite de la construction par les officiers du régiment des chemins de fer, en regard des immenses avantages d'un commandement ferme, éclairé et toujours facilement transmissible, comme l'exige le climat, en regard aussi de la très remarquable économie des travaux, offre le grave inconvénient d'une grande lenteur dans l'entreprise. Or, comme de la jonction réalisée des deux bassins qu'il s'agit de rapprocher, doit résulter la possibilité même de la mise en valeur du Soudan, il importe au plus haut point d'abréger le plus possible la période de construction, qui sera improductive jusqu'au dernier kilomètre achevé. Il ne manque d'ailleurs pour cela aux officiers constructeurs que les ressources financières requises.

Mais le budget ne serait plus en état de supporter la charge de ces dépenses augmentées. Il faudrait donc avoir recours au crédit public et à une combinaison financière.

Malheureusement, depuis plusieurs années, à tort ou à raison, nous n'en savons rien, — en fait, — et c'est là ce qui nous importe — la confiance n'existe plus parmi les financiers puissants, seuls capables d'assurer le concours des grands capitaux à une entreprise trop vaste pour être abordée par des particuliers, armés de leurs seules ressources personnelles.

C'est même par cette méfiance que s'explique, au grave détriment de nos œuvres coloniales, la faveur croissante dont jouissent de plus en plus les affaires situées à l'étranger, en Afrique même, les mines d'or par exemple, pourvu que ce soit hors des possessions françaises. C'est ainsi qu'un milliard de nos épargnes, plus que suffisant pour vivifier toutes nos colonies réunies, s'en est allé chez les Anglais.

D'ailleurs, si les financiers ont peur de notre Gouvernement, réciproquement notre Gouvernement, ou du moins les personnes qui se trouvent être les dépositaires éphémères du pouvoir parmi nous, redoutent le contact officiel des financiers, à cause des calomnies, des suspicions et des délations qui pleuvent de toutes parts. On dit la démocratie un peu jalouse par tempérament. Hélas ! il faut ajouter qu'elle est aussi un peu bébête et qu'elle accorde aux rumeurs, qui ne circulaient jadis que dans le monde des portières, une créance bien faite pour épouvanter des gens qui ne font que « passer par là ». Car enfin nos gouvernants, en général, ne sont pas, comme on dit, « de la carrière ». Amenés le plus souvent fortuitement à remplir de hautes fonctions pendant quelques mois, quelques semaines même, on conçoit parfaitement qu'ils ne veuillent pas, « pour si peu », se créer de longs ennuis ultérieurs. Aussi évitent-ils soigneusement toute initiative, se reposant pour les fondations les plus nécessaires sur leurs proches successeurs, qui, eux-mêmes, s'empressent d'esquiver le risque au profit de ceux qui viendront après eux, lesquels surgissent à leur tour avec des « états d'âmes » tout à fait identiques.

Enfin, officiers, financiers, gouvernants, ne sont pas encore tous les éléments qu'il s'agit de concilier. En effet, si nos officiers excellent en vérité à construire avec ordre et économie, on ne saurait raisonnablement leur demander en outre d'exploiter avec expérience et succès leur œuvre au point de vue commercial. Ce n'est pas leur affaire. C'est même là un métier pour lequel beaucoup d'entre eux professent un certain mépris. A tort sans doute; mais que voulez-vous? Chacun de nous, ici-bas, cultive ses préjugés avec bien plus d'amour que ses vertus.

Le branle pourtant ne se donnera pas tout seul au commerce d'un grand pays, entièrement neuf, comme le Soudan, ni par conséquent au trafic de son chemin de fer. Il faut pour cela une initiative, une activité, une expérience, une largeur et une justesse combinées de vues commerciales, que « tout le monde » ne possède pas et qui ne se rencontrent même que rarement réunies sous le même crâne. Et pourtant, si des hommes propres à cette œuvre vivifiante ne sont pas associés à l'entreprise, elle végétera et emploiera un temps fort onéreux en des tâtonnements très longs et excessivement coûteux.

Comme on le voit, les difficultés qui restent à résoudre maintenant sont toutes du domaine des personnes à rapprocher et des intérêts à concilier, car en ce qui touche la construction elle-même, nous pouvons aujourd'hui, grâce au louable entêtement de nos officiers, dire, comme le gouverneur du Congo belge, que « la construction de la ligne peut suivre maintenant un cours à peu près aussi régulier que si elle s'exécutait dans un pays d'Europe ».

VI

Solution.

Donc, en face de notre chemin de fer, dont l'achèvement rapide s'impose, puisque de ce complet achèvement dépend entièrement la mise en valeur du Soudan et que, tant que le dernier kilomètre terminé n'aura pas lié entre elles les diverses sections de notre grand'route, ce sera comme si aucune d'elles n'existait;

Nous trouvons, d'une part, des financiers mal disposés à prêter un concours, qu'ils jugent compromettant pour leur sécurité future; et des gouvernants trop éphémères pour ne pas préférer leur tranquillité privée aux responsabilités découlant de leur charge;

D'autre part, des constructeurs militaires, plus aptes que tous autres à travailler dans le Soudan actuel, bien, avec ordre, et avec beaucoup d'économie; mais (premier inconvénient) avec une grande et funeste lenteur, tant qu'on leur refusera les ressources financières indispensables, pour pouvoir ajouter la célérité aux autres qualités, dont ils ont déjà fourni la preuve; et (second inconvénient) tout à fait inaptes à diriger l'exploitation, c'est-à-dire à faire naître le commerce, le trafic et par conséquent les recettes sur la voie établie par eux.

Dans cet état de choses, il ne faut plus songer à appliquer la solution classique, qui consiste à concéder la construction et l'exploitation du chemin de fer à l'industrie privée. Cette solution possible, et même facile il y a deux ans, est devenue, pour le moment, impraticable, parce qu'elle exige un concours financier, qui se dérobe, et une initiative gouvernementale, que les faits observés montrent absente. De plus, dans notre espèce, elle nous priverait des économies et de la sécurité exceptionnelles, offertes par le régime, expérimenté maintenant avec succès, de la construction militaire.

Il n'y a pas à chercher une solution borgne ou boiteuse entre le système des concessions à l'industrie et celui des constructions par l'État. Entre ces deux combinaisons nettes et claires l'une et l'autre, tout compromis aboutirait nécessairement à des conflits ultérieurs, portant sur le point même de jonction artificielle qu'on aurait imaginé entre ces deux méthodes, qui étant, par leur principe même, la négation l'une de l'autre, sont par conséquent inconciliables entre elles.

Il faut donc adhérer franchement à la continuation, sous

condition d'accélération, des travaux d'établissement par les officiers du régiment des chemins de fer; mais en même temps il faut pourvoir à leur incompétence commerciale et organiser l'exploitation de la voie construite, de manière à en assurer le succès.

C'est ici qu'intervient naturellement la conception d'une Compagnie fermière de l'exploitation seulement, et dirigée par des hommes possédant, avec une situation offrant toutes garanties, non seulement la pratique et l'expérience générale des affaires coloniales, mais surtout celles des affaires spéciales, auxquelles le Soudan est propre.

Ainsi, d'un côté, on obtient le chemin de fer au moindre prix possible; on évite la nécessité du concours des financiers récalcitrants; et on assure la tranquillité ultérieure des gouvernants, puisqu'il n'y aura pas de marché de construction pour servir de texte, ni aux récriminations, ni aux incriminations, passées dans nos mœurs.

Et, de l'autre côté, moyennant l'établissement de la Compagnie fermière, purement commerciale, qui prendra en charge l'exploitation immédiate des sections, au fur et à mesure de leur achèvement, on obtient la sécurité des résultats, autant qu'elle peut exister, c'est-à-dire dans notre cas, la certitude que la période, toujours onéreuse des débuts d'une exploitation quelconque, sera aussi abrégée que possible.

Continuons.

Aux constructeurs militaires, avons-nous dit, il ne manque que de l'argent pour opérer, non seulement bien, comme à présent, mais également vite, comme c'est nécessaire. Puisque le Gouvernement, pour leur procurer ces ressources, ne peut pas employer l'intermédiaire ordinaire des financiers, il faut nécessairement qu'il s'adresse lui-même directement au public. Il y trouvera d'ailleurs l'avantage d'obtenir son capital moyennant un loyer plus faible. Les financiers auraient eu besoin, au moins de 4 pour 100 d'intérêt, tandis que le Gouvernement réalisera sûrement son opération directe à 3 1/2 pour 100.

De plus, cet emprunt, loin d'être, comme de coutume, une aggravation des charges du budget, sera au contraire l'occasion légitime d'une forte diminution dans les dépenses actuelles au titre du Soudan. C'est ce qu'il importe d'établir maintenant.

L'avant-projet, dressé par les colonels Marmier et Joffre, et approuvé par le Comité des travaux publics des Colonies (1), a fixé en 1893, le coût total de la construction à . . . . 38.100.000 fr.

Mais ce total comprenait divers articles, qui sont à extraire maintenant, deux ans plus tard, comme étant désormais sans objet, savoir :

Premièrement la réfection, aujourd'hui terminée, de la section de Kayes à Bafoulabé, estimée. . . . . 3.000.000 fr.

Secondement la construction actuellement achevée du pont de Mahinadi sur le Bafing . . . . . . 500.000 »

Troisièmement, 20 kilomètres d'avancement à partir du Bafing, en cours d'exécution à présent, au moyen de ressources autorisées par le budget . . . 1.500.000 »

soit au total. . . . . 5.000.000 »

de dépenses accomplies, qui réduisent le devis à. . . . . 33.100.000 fr.

1. *Avant-projet du chemin de fer du Sénégal au Niger*, par MM. les colonels Marmier et Joffre. (Imprimerie nationale, 1894. — Procès-verbal du Comité des travaux publics des colonies du 8 novembre 1893.

Ce chiffre comprend encore le matériel
roulant, qui sera à la charge de la Compagnie fermière, pour . . . .   4.333.000 »
Il reste donc finalement un capital d'envi-

ron . . . .   29.000.000 fr.
à former pour avoir assuré l'achèvement du chemin de
fer jusqu'au Niger, en quatre ou cinq ans au plus.

Ces 29.000.000 de francs, ainsi motivés, formant l'objet
d'un emprunt spécial, contracté au titre colonial par l'État,
au taux de 3 1/2 % d'intérêt annuel, exigera, y compris son
amortissement en soixante-quinze ans, une annuité de
953.201 francs.

Or, « actuellement le budget supporte chaque année, au
chapitre du Soudan, et en transports de toute nature, tant en
matériel qu'en personnel, une dépense beaucoup plus considérable... Le tonnage des approvisionnements et du matériel transporté chaque année du Sénégal au Niger, s'élève à
3000 tonnes... Ces transports coûtent actuellement 2 francs
par tonne et par kilomètre. On compte du Sénégal au Niger,
d'abord 132 kilomètres de voie ferrée en activité de Kayes à
Bafoulabé, lesquels représentent une première dépense
de. . . . .   36 fr. 60
Puis de Bafoulabé à Bammako, il y a par la
route de ravitaillement 450 kilomètres, qui
font, à 2 francs le kilomètre, un coût par
tonne de. . . . .   900 »

soit par tonne une dépense actuelle de. . .   936 60

et pour 3000 tonnes une dépense annuelle
totale de (1). . . . .   2.809.800 »
Il faut ajouter à cette première somme,
« qui ne concerne exclusivement que le matériel transporté, tous les frais relatifs aux

<hr>

1. *La France, le Soudan et le Gouvernement*, Paris, 1895.

déplacements de personnel », qui ne s'élèvent pas à moins de. . . . .   50.000 »
et la dotation de . . . .   300.000 »
inscrite au budget pour l'exploitation de Kayes à Bafoulabé.

« Tout cela constitue présentement pour les transports entre le Sénégal et le Niger une dépense annuelle de (1). . . . .   3.159.800 »
qui se trouverait remplacée par l'annuité de l'emprunt . . . .   953.201 »

ce qui fait ressortir une différence annuelle de. . . . .   2.206.599 »
en moins sur les charges actuelles du budget.

Mais il convient de remarquer que sur cette économie il y aura lieu de prélever environ . . . .   1.000.000 »
représentant le coût des transports effectués par le chemin de fer pour le compte de l'État, calculé pendant les premières années de l'exploitation à un taux assez élevé pour couvrir sûrement les frais, diminuant ensuite progressivement jusqu'à un minimum à convenir, à mesure que les produits commerciaux se développeront.

Ce serait donc, en définitive, une économie effective de. . . . .   1.206.542 »
qu'il faudrait compter pour le début, économie encore bien considérable puisqu'elle représente près de 40 °/₀ de la charge actuelle de ce chapitre.

*Bien entendu, le bénéfice de l'intervention de la voie

1. *Ibidem.*

ferrée sera d'abord très partiel, puis graduellement croissant et enfin total, du jour où le Niger sera atteint ; mais dans aucun cas l'ancienne dépense et la nouvelle ne coexisteront, puisque l'une doit se substituer à l'autre dans la proportion même de l'avancement de la voie ferrée.

Voilà le résultat qu'il faut atteindre et qu'il est facile d'atteindre, et remarquons bien, une fois de plus, « le caractère absolument différent des deux dépenses que nous venons de rapprocher : l'une, la dépense actuelle, 3.159.000 francs, est une dépense sans effet durable, sans compensation ultérieure, une dépense radicalement improductive, qui se renouvelle chaque année ; l'autre, l'annuité et les charges du chemin de fer, 1.953.000 francs, outre qu'elle est moindre, qu'elle rend le régime des transports excellent, de détestable qu'il est actuellement, outre surtout qu'elle vivifie le Soudan, laisse par surcroît après elle une valeur créée, durable et compensatrice : la valeur du chemin de fer lui-même, qui, à l'échéance de la concession, fera retour à l'État en pleine valeur et en plein produit (1) ».

« Qui pourrait mettre en balance cette somme si faible pour un grand État et les avantages si importants que la France retirera de l'entreprise, au triple point de vue militaire, politique et commercial ? Pourquoi hésiter encore, quand toutes les nations, même les plus petites, marchent de l'avant à la conquête commerciale du continent noir (2) ? »

Eh quoi ! depuis cent ans, que nos soldats ont mis le pied sur cette terre d'Afrique, avec Bonaparte et Kléber en Égypte, sous Bugeaud et Mac-Mahon en Algérie, avec Faidherbe, Borgnis-Desbordes et Archinard au Soudan, sous des chefs, qui ont fait revivre en un seul siècle parmi nous, d'Alexandre à Cortez, toutes les variétés des grands hommes de guerre, nous aurions combattu de telle sorte que les

---

1. *La France, le Soudan et le Gouvernement.*

2. Lieutenant-colonel Marmier, *Rapport sur le prolongement du chemin de fer de Bafoulabé au Niger.*

désastres militaires, subis sur cette même terre d'Afrique par tant d'autres peuples européens, ne nous ont jamais même effleurés ; nous aurions ainsi conquis, au moment précis où les colonies reprenaient toute leur antique importance, un empire africain, plus vaste que l'ancienne Amérique espagnole, plus grand et plus varié que le domaine indien de la Grande-Bretagne ;

Et tout cela pour faciliter la vente des cotonnades anglaises et de la quincaillerie allemande, parce que nous ne saurions pas comment nous y prendre pour construire 400 kilomètres d'un petit chemin de fer !

En vérité, cela serait trop bête et certainement le Parlement ne voudra pas plus longtemps séjourner dans cette situation ridicule, qui rendrait vraiment trop choquante l'infériorité de nos toges, par rapport à nos armes ; et qui nous ferait classer, nous, les fils de Cœur, d'Ango, de Lasalle, des deux Duguay-Trouin, de Dupleix, de Bruë et de La Bourdonnais, beaucoup au-dessous des Portugais, contemporains bien entendu, dans la hiérarchie des peuples colonisateurs.

Paris. — J. Mersch, imp., 4bis, Av. de Châtillon,